Чьи это вещи?

 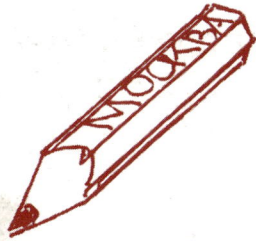  

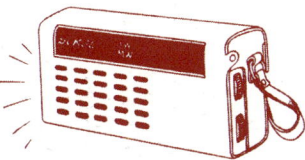   

1(1)

1(1) 1(1) 1(1)
1(1) 1(1) 1(1) 1(1)
1(1) 1(1) 1(1) 1(1)
1(1) 1(1) 1(1) 1(1)
1(1) 1(1) 1(1) 1(1)
1(1) 1(1) 1(1) 1(1)

Чьи это вещи?   вариант 1

Я

Ты

Она

Они

Ты

Он
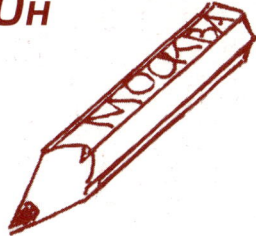

Он

Я

Он

Ты

Ты

Он

Я

Он
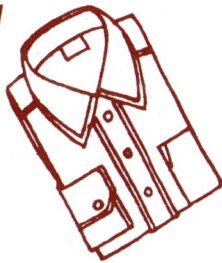

Она

Вы

Мы

Он

Она

Я

Ты

Я

Мы

Ты

1(1)

1(1) 1(1) 1(1)
1(1) 1(1) 1(1) 1(1)
1(1) 1(1) 1(1) 1(1)
1(1) 1(1) 1(1) 1(1)
1(1) 1(1) 1(1) 1(1)
1(1) 1(1) 1(1) 1(1)

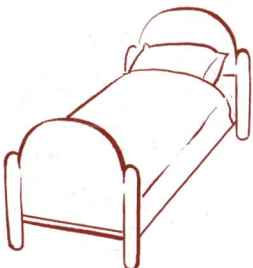   

Чьи это вещи?

вариант 2

Они	Я	Они	Она

Ты	**Они**	**Он**	**Она**
			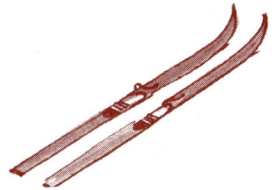
Ты	**Она**	**Он**	**Я**

Вы	**Я**	**Я**	**Он**

Она	**Она**	**Они**	**Вы**

Я	**Мы**	**Она**	**Вы**
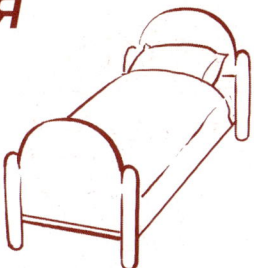			

Где вы работаете?

2
2
2
2
2
2
2
2
2
2
2
2
2
2
2
2

   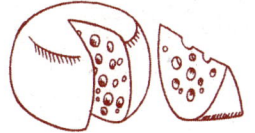

Продукты (домино)

   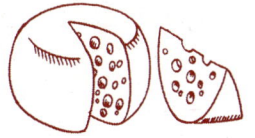

   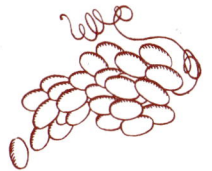

   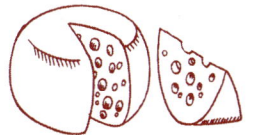

   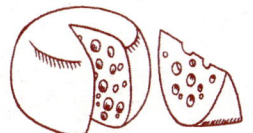

Договорились!

А

Понедельник *19:00 театр*

Вторник

Среда *17:30 День рождения мамы*

Четверг *18:30 Бассейн*

Пятница

Суббота

Воскресенье

Б

Понедельник

Вторник *18:30 Вечеринка*

Среда

Четверг

Пятница

Суббота *18:00 Футбол*

Воскресенье *18:30 Концерт*

Где вы были, куда вы ходили?

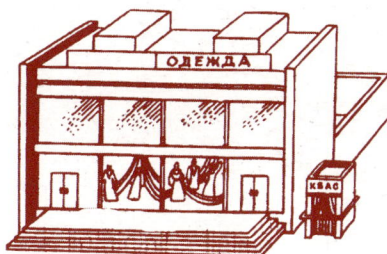

Ресторан	ПОЧТА · ТЕЛЕГРАФ 557 отделение связи	РЫНОК
ЦИРК	ЗООПАРК КАССА	МУЗЕЙ
БАНК	парикмахерская САЛОН	ЗАВОД
ТЕАТР	ОДЕЖДА КВАС	БИБЛИОТЕКА

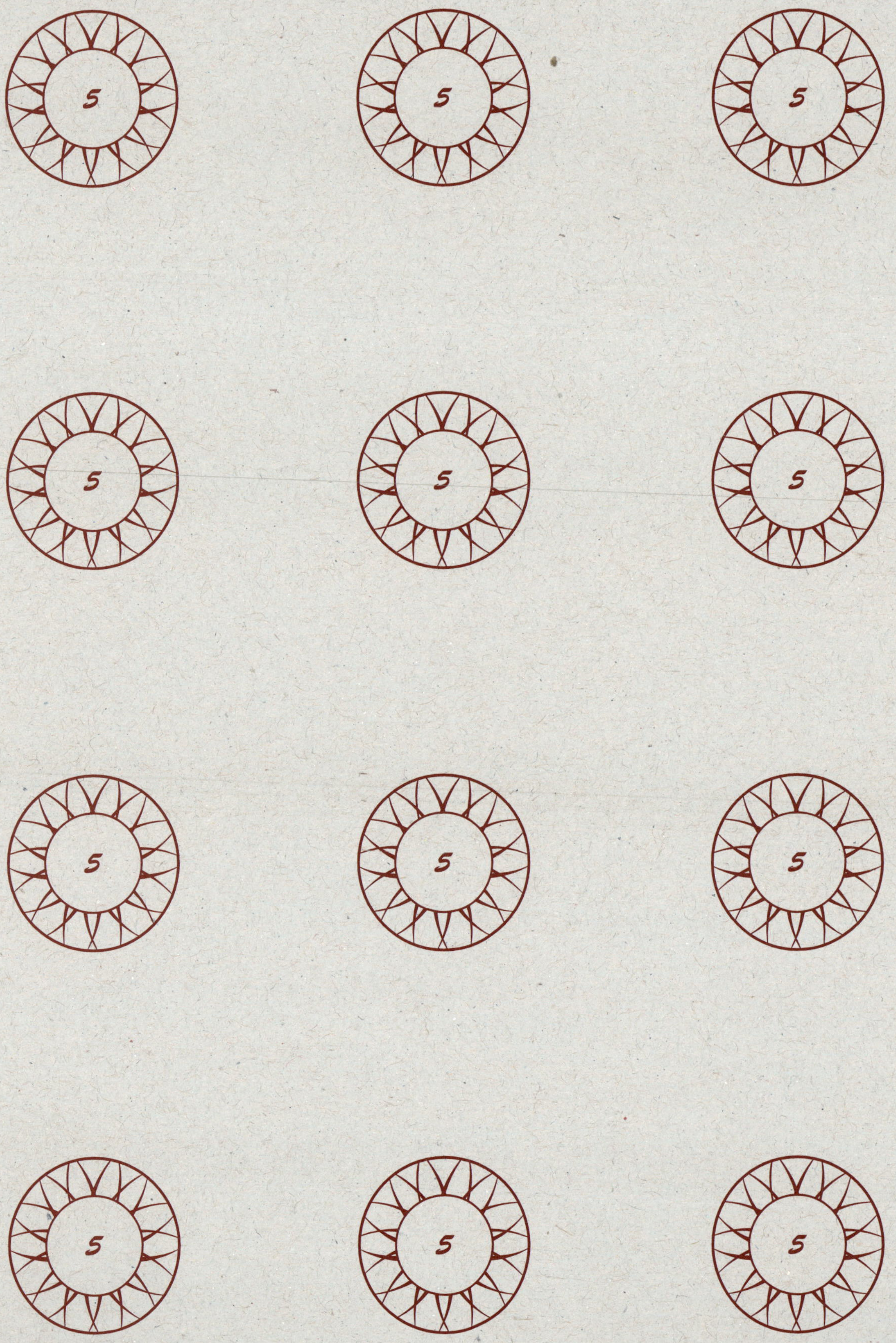
5
5
5
5
5
5
5
5
5
5
5
5

Три предмета

   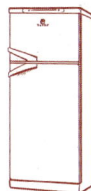 

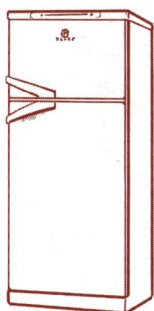     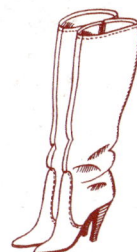

Деревенская ярмарка

Продаю

Покупаю
собаку

Продаю

Покупаю
барана

Продаю

Покупаю
лошадь

Продаю

Покупаю
корову

Продаю

Покупаю
индейку

Продаю

Покупаю
гусей

Продаю

Покупаю
свинью

Продаю

Покупаю
козу

Где мои вещи?

Где мои вещи?

Требуются, требуются!

А

- Вы — хороший рассказчик
- Вы можете пользоваться компьютером
- Вы умеете водить машину
- Французский — ваш родной язык

Б

Требуется экскурсовод

Он должен:
- хорошо говорить по-французски
- уметь работать с компьютером
- водить машину
- быть хорошим рассказчиком

А

- Вы хорошо говорите по-французски
- Все говорят, что вы прекрасно поёте и танцуете
- Вы умеете интересно рассказывать
- Вы умеете водить машину

Б

Требуется клоун

Он должен:
- уметь интересно рассказывать
- хорошо говорить по-французски
- уметь петь и танцевать
- уметь водить машину

А

- Вы хорошо готовите
- Вы умеете водить машину
- Вы можете петь и танцевать
- Все любят слушать ваши рассказы

Б

Требуется няня для ребёнка

Она должна:
- хорошо готовить
- уметь петь и танцевать
- быть хорошим рассказчиком
- водить машину

А

- Вы говорите по-немецки и по-французски
- Вы работаете с компьютером
- Вы умеете хорошо фотографировать
- Вы можете интересно рассказывать

Б

Требуется журналист

Он должен:
- уметь интересно рассказывать
- делать хорошие фотографии
- говорить по-французски
- свободно работать с компьютером

Пойдём вместе!

Выставка кошек

Вы увидите все породы кошек и сможете купить всё, что нужно для ваших животных

Время работы:
суббота, воскресенье
с 10–00 до 18–00

Вход бесплатный

«Танец смерти»
(фильм ужасов)
Кинотеатр «Премьер»
Производство США
Фильм идёт всю неделю
Начало в 20–00

Хоккейный матч

Полуфинал чемпионата мира

Играют сборные команды
России и **Канады**

Вторник, начало в 18–30

Концерт русского рока

В программе участвуют лучшие рок-музыканты России

Четверг, начало в 19–00

Концерт симфонической музыки

В программе:
А. Вивальди, А. Пьяццолла

Играет оркестр
«Виртуозы Москвы»

Понедельник, начало в 19–00

Вечер фортепианной музыки

Играет **Денис Мацуев**

В программе:
Глинка, Рахманинов, Чайковский

Вторник, начало в 19–00

А. Прокофьев
«Ромео и Джульетта»

Балет Пермского государственного театра оперы и балета

Среда, начало в 19–00

Музей современного искусства
Новая выставка

«Городские инсталляции»

Время работы:
вторник — воскресенье
с 10–00 до 18–00 часов,
понедельник — выходной

Анна

Вы — подруга Анны

Вы работаете в институте. Анна работает с вами в том же самом институте. Она инженер. Вы знаете, что Анна уже сделала успешную карьеру. Она интересный и глубокий человек. Анна любит слушать классическую музыку, много читает, ей нравится путешествовать. Вы знаете, что у неё есть друг. Они вместе уже два года. Вам кажется, что её друг странный человек.

Вы — мать Анны

Последний раз вы видели свою дочь утром в понедельник, когда она завтракала. Как всегда, бутерброды и чай с лимоном. Она ничего не говорила. Обычно Анна ездит на работу в институт на автобусе, но в тот день она заказала по телефону такси. Анна не пришла домой вечером и не позвонила. Возможно, она поехала к другу. Вы не хотите говорить о нём. Вы думаете, что они очень разные люди.

Вы — друг Анны

Вас зовут Иван. Вы очень любите Анну, но не уверены, любит ли она вас. Да, возможно, вы с ней разные люди. В свободное время вы любите смотреть спортивные программы по телевизору, а она не может жить без книг. Вы ремонтируете машины и хорошо зарабатываете. Вы говорили с Анной по телефону в воскресенье. Она сказала, что пойдёт завтра в библиотеку. Вы были в библиотеке в понедельник, но Анны там не было.

Вы — библиотекарь

Вы хорошо знаете Анну. Она часто приходит в вашу библиотеку, и вы часто разговариваете с ней. Она интересуется современной литературой, любит музыку. Её любимая опера — «Тоска» Джакомо Пуччини. Вы видели Анну в пятницу. Она читала какие-то журналы по своей специальности, и вы немного поговорили с ней. Вы знаете, что она очень умный и талантливый человек, но ей немного не везёт. Вы считаете, что ей нужно сделать правильный выбор. Вы имеете в виду её друга. Её друг был в библиотеке в понедельник, но Анна не пришла в тот день.

Вы — младшая сестра (младший брат) Анны

Последний раз вы видели свою старшую сестру в воскресенье вечером, а утром в тот день она ездила на рынок. Она купила там яблоки и ещё что-то. Иногда вы думаете, что ей скучно работать в институте, но у неё нет выбора. Иногда ночью вы слышите, что Анна не спит. Она ходит по дому, читает, что-то пишет и изучает итальянский язык. Странно, почему итальянский? Вы думаете, что её друг не любит Анну. Вам очень жаль свою сестру, но иногда вы не понимаете её.

Вы — соседка (сосед) Анны

Вы живёте на четвёртом этаже. Вы давно знаете Анну и всю её семью. Вы думаете, что они скучные и несовременные люди. У них никогда не бывает вечеринок. Вы видели Анну в воскресенье. Вы вместе с ней ехали на рынок в одном автобусе. Вы говорили о погоде, о магазинах, о кошках. Вы пригласили её к себе в гости вечером, но она сказала, что занята. Вы не знаете, где может быть Анна сейчас.

Полезные вещи

Крестики–нолики

в–	за–	вы–
пере–	по–	про–
под–	при–	об–

по–	при–	в–
об–	вы–	под–
за–	пере–	у–

Я тебя ищу!

Вы любите плавать.

Ваше любимое занятие — рисование.

Вам нравится готовить.

Вы ненавидите танцевать.

Вам скучно играть на компьютере.

Вы редко смотрите телевизор.

Вам нравится ходить в художественную студию.

Вы любите готовить.

Ваше любимое занятие — плавание.

Вам неинтересно смотреть телевизор.

Вы не любите танцевать.

Вам не нравятся компьютерные игры.

Ваше любимое занятие — играть на компьютере.

Вам нравится плавать в бассейне.

Вы любите готовить.

Вам скучно рисовать.

Вы ненавидите смотреть телевизор.

Вам не нравится танцевать.

Вы любите плавать.

Ваше любимое занятие — готовить.

Вам нравятся компьютерные игры.

Вам неинтересно танцевать.

Вам не нравится смотреть телевизор.

Вы не любите рисовать.

Вы любите готовить.

Вам нравится ходить на дискотеку.

Ваше хобби — рисование.

Вам скучно смотреть телевизор.

Вы ненавидите компьютерные игры.

Вы не любите плавать в бассейне.

Вам нравится рисовать в свободное время.

Ваше любимое занятие — танцы.

Ваше хобби — кулинария.

Вам не нравится плавать.

Вам скучно сидеть за компьютером.

Вы не любите смотреть телевизор.

Вам нравится плавать.

Вы любите смотреть телевизор.

Ваше хобби — рисование.

Вы ненавидите готовить.

Вам не нравится ходить на дискотеки.

Вам скучно играть на компьютере.

Вам очень нравится смотреть телевизор.

Вы любите рисовать.

Ваше любимое занятие — плавание.

Вам неинтересно готовить.

Вы ненавидите компьютерные игры.

Вы не любите танцевать.

Новый лидер

Новый лидер партии

1. Имя — Константин
2. Отчество _____
3. Фамилия _____
4. Профессия _____
5. Место работы _____
6. Возраст _____
7. Семейное положение _____
8. Номер телефона _____

Новый лидер партии

1. Имя _____
2. Отчество — Львович
3. Фамилия _____
4. Профессия _____
5. Место работы _____
6. Возраст _____
7. Семейное положение _____
8. Номер телефона _____

Новый лидер партии

1. Имя _____
2. Отчество _____
3. Фамилия — Щеглов
4. Профессия _____
5. Место работы _____
6. Возраст _____
7. Семейное положение _____
8. Номер телефона _____

Новый лидер партии

1. Имя _____
2. Отчество _____
3. Фамилия _____
4. Профессия — адвокат
5. Место работы _____
6. Возраст _____
7. Семейное положение _____
8. Номер телефона _____

Новый лидер партии

1. Имя _____
2. Отчество _____
3. Фамилия _____
4. Профессия _____
5. Место работы — юридическая фирма
6. Возраст _____
7. Семейное положение _____
8. Номер телефона _____

Новый лидер партии

1. Имя _____
2. Отчество _____
3. Фамилия _____
4. Профессия _____
5. Место работы _____
6. Возраст — 38 лет
7. Семейное положение _____
8. Номер телефона _____

Новый лидер партии

1. Имя _____
2. Отчество _____
3. Фамилия _____
4. Профессия _____
5. Место работы _____
6. Возраст _____
7. Семейное положение — женат
8. Номер телефона _____

Новый лидер партии

1. Имя _____
2. Отчество _____
3. Фамилия _____
4. Профессия _____
5. Место работы _____
6. Возраст _____
7. Семейное положение _____
8. Номер телефона — 479-86-53

Сколько времени?

21 : 19   22 : 56   23 : 04   00 : 03

Где эта улица, где этот дом?

План 1

парикмахерская	
магазин	банк

улица Пушкина

музей	ресторан «Три медведя»

улица Победы

улица Победы

аптека	кафе	университет

памятник	гостиница «Волга»

План 2

парикмахерская	
больница	банк

улица Пушкина

ж/д вокзал	
почта	
	школа

улица Победы

улица Победы

кафе

памятник	гостиница «Волга»

Где эта улица, где этот дом?

План 3

кинотеатр

магазин

улица Пушкина

ж/д вокзал

музей

ресторан «Три медведя»

улица Победы

улица Победы

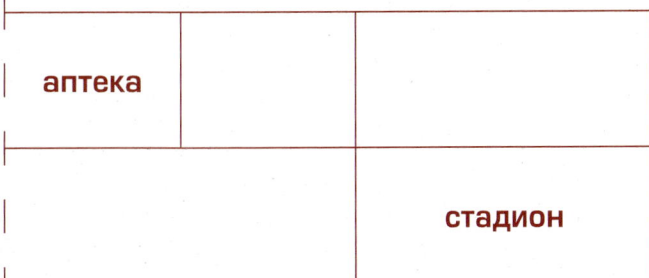

аптека

стадион

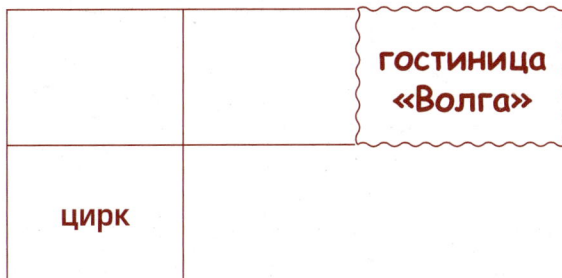

гостиница «Волга»

цирк

План 4

парикмахерская

больница

улица Пушкина

почта

школа

улица Победы

улица Победы

кафе

университет

стадион

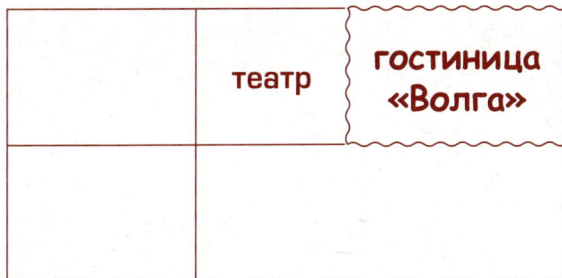

театр

гостиница «Волга»

Этажи

Салон красоты — 8

Пункт обмена валюты — 2

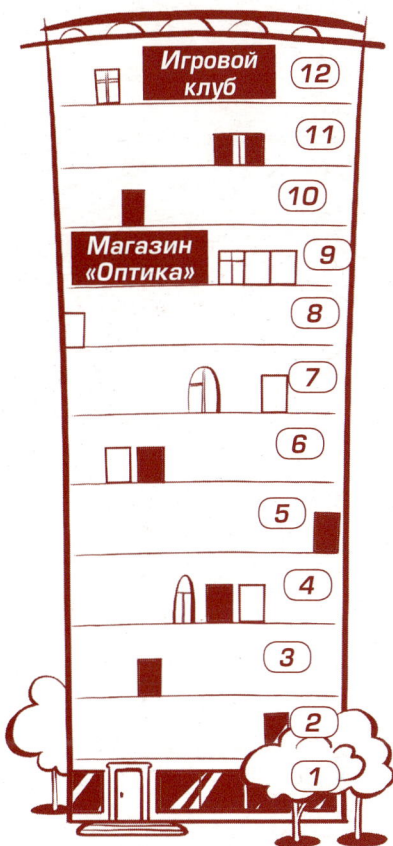

Игровой клуб — 12

Магазин «Оптика» — 9

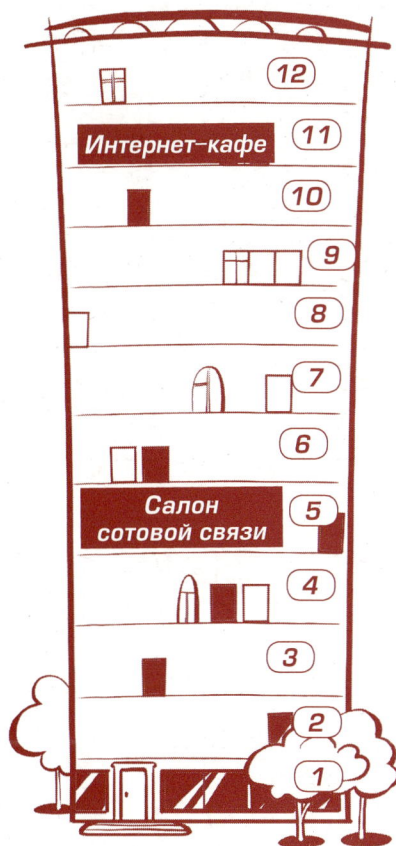

Интернет-кафе — 11

Салон сотовой связи — 5

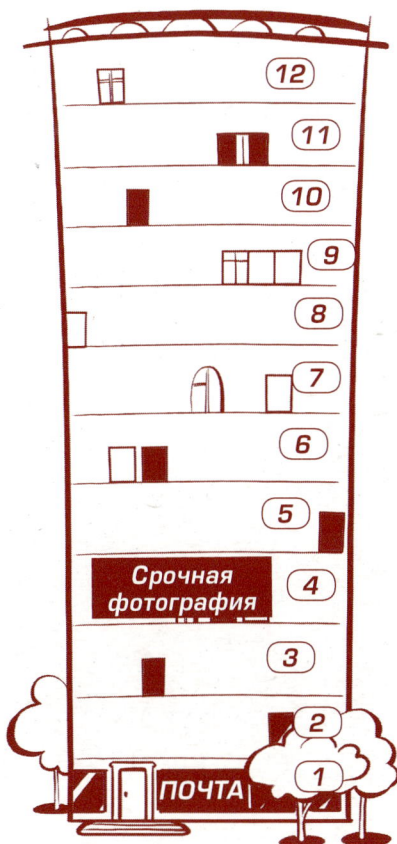

Срочная фотография — 4

ПОЧТА

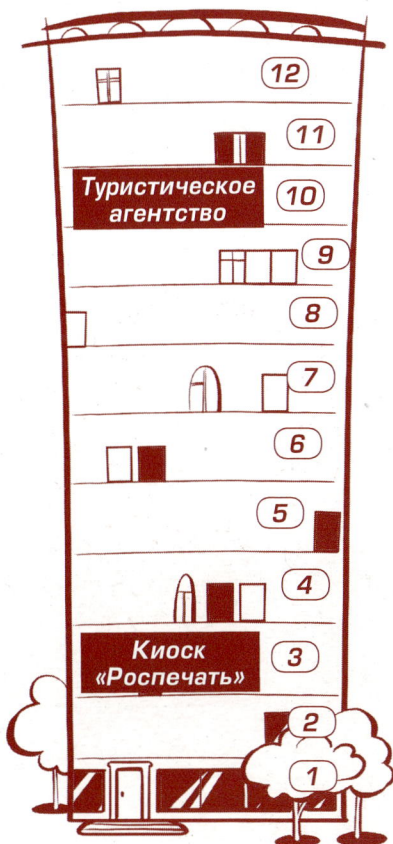

Туристическое агентство — 10

Киоск «Роспечать» — 3

Химчистка — 7

Табачный киоск — 6

Согласны ли вы?

	согласен / согласна	не согласен / не согласна
Домашняя еда вкуснее, чем еда в ресторане.		
Изучение иностранного языка с преподавателем эффективнее, чем самостоятельное изучение.		
Театр интереснее, чем кино.		
Электронная почта удобнее, чем обычная.		
Старшие дети в семье обычно способнее, чем младшие.		

Согласны ли вы?

	согласен / согласна	не согласен / не согласна
Путешествие за границу дороже, чем поездка по своей стране.		
Отдых на море приятнее, чем отдых в горах.		
Родители надёжнее и ближе, чем самые хорошие друзья.		
Занятия спортом на улице полезнее, чем в спортивном зале.		
Для здоровья лучше ходить пешком, чем ездить на машине.		

У нас классная группа!

1. Половина группы боится летать на самолёте.
2. Только один человек в группе интересуется политикой своей страны.

---

1. Три человека в группе выбрали русский, потому что это экзотический язык.
2. Большинство в группе посещают спортивный зал или бассейн.

---

1. Только у двух человек в группе нет домашнего животного.
2. Большинство студентов в группе раньше учились играть на каком-нибудь музыкальном инструменте.

---

1. Все в группе обычно ложатся спать поздно.
2. Только один человек в группе предпочитает слушать классическую музыку.

---

1. У всех в детстве была любимая игрушка — медведь.
2. Половина группы предпочитает утром пить кофе.

---

1. Только два человека в группе не подрабатывают в свободное от занятий время.
2. Все уже пробовали пить русский квас.

---

1. Половина группы в детстве ходила в детский сад.
2. Только один человек в группе уже прочитал какую-то книгу по-русски.

---

1. Все в группе умеют водить машину.
2. Никто в группе никогда не собирал грибы в лесу.

Кто последний?

Касса закрылась на обед прямо перед вами. Вы были первым/первой в очереди. За вами стояла девушка Оля, с которой вы познакомились в очереди и долго разговаривали. Она вам очень понравилась. Жаль, вы не успели взять её номер телефона.

Вам нечего было делать. Вы очень скучали. Хорошо, что перед вами стоял очень симпатичный парень. Вы долго с ним общались. Его звали Максим. А за вами стояла девушка, которая всё время ела семечки, и вам это очень не нравилось.

Как скучно было стоять в этой очереди! Но у вас с собой были ваши любимые семечки. Перед вами стояла какая-то девушка. Она всё время болтала с парнем. За вами стоял мужчина, который читал газету. Какая глупость — читать газеты! Вы никогда этого не делаете!

Вы не любите терять время. Очередь — это хорошая возможность сделать то, на что обычно не хватает времени. Вы взяли свой мобильник, очистили его от ненужных записей и отправили СМС-ки всем друзьям. Перед вами стоял серьёзный мужчина, который читал газету, а за вами стояла девушка, которая всё время жевала жвачку.

Ну что делать в очереди? Вы ничего не делали, скучали целый час, смотрели по сторонам. Даже поговорить было не с кем! Хорошо, что в кармане была жвачка. Перед вами стояла какая-то девушка. Она всё время играла со своим мобильником. А сзади вас стоял молодой человек с наушниками — наверное, слушал музыку.

Вы всегда слушаете музыку. Она помогает вам в трудных ситуациях. Плеер в очереди — это спасение. В последнее время вы предпочитаете классику. Перед вами стояла девушка. Что она делала? Ничего, просто жевала жвачку. А за вами стоял человек, который отходил куда-то минут на десять.

Вы очень заняты сегодня. И вдруг вы увидели афишу. Это же ваша любимая группа, её концерт пропустить никак нельзя! У вас не было с собой денег, и вы предупредили соседей по очереди и побежали к своему другу за деньгами (хорошо, что он живёт недалеко). Перед вами стоял человек с плеером, а за вами был парень, который всё время пил пиво.

Вы купили пиво. Конечно, неудобно пить в очереди, но что делать, если нечего делать? Вы пили пиво. Ну и что? Перед вами стоял парень, который уходил, приходил. Наверное, тоже ходил пить пиво. За вами стояла девушка. Она всё время говорила по телефону и смеялась. Она не обращала на вас внимания.

Вы не скучали в очереди. Вам позвонил один ваш старый знакомый, и вы долго говорили с ним по телефону, вспомнили всех друзей, поговорили о делах. Он рассказал вам новый смешной анекдот. Перед вами стоял молодой человек, который пил пиво. А за вами стояла девушка, которая что-то писала или решала кроссворд.

Когда вы подошли к кассе, очередь была длинная. Но у вас с собой была интересная головоломка, и вы начали её решать. Вы любите отгадывать головоломки. Перед вами стояла девушка, которая громко говорила по телефону. Она мешала вам сконцентрироваться. Вы были последней в очереди. За вами никого не было.

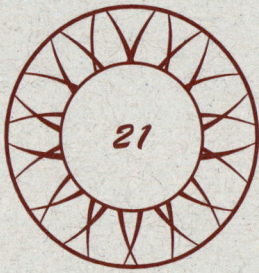
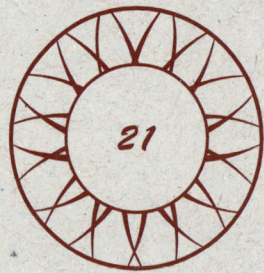
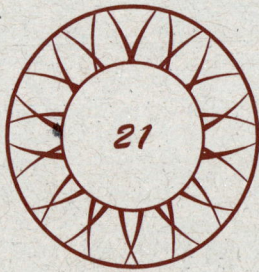
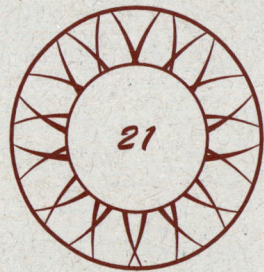

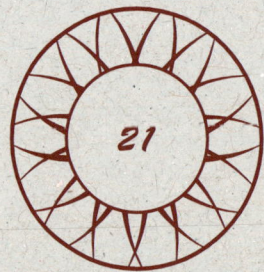
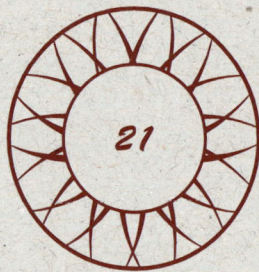

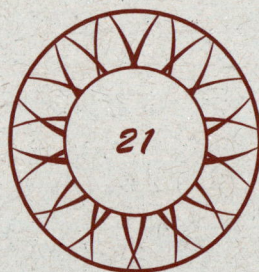
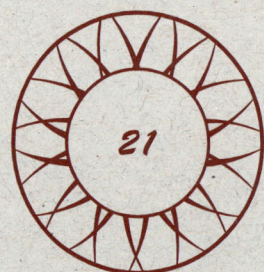

С Новым годом!

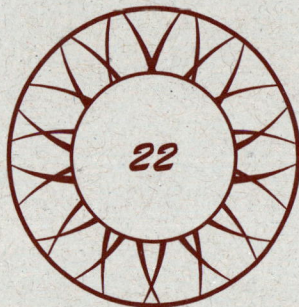

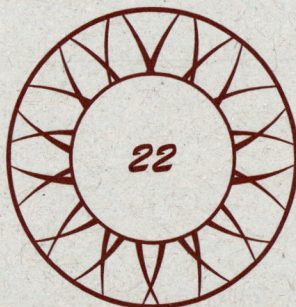

на неделю?	На вокзал надо приходить	200 лет назад.	Он так и не написал ей, а она ждала его писем
за 10 минут до отправления поезда.	Ваш сын проспал и снова опоздал в школу	всю свою жизнь.	Я хожу в бассейн
на 15 минут.	Мне 15 лет, а брату — 20. Он старше меня	каждую неделю.	Вам надо перевести этот текст
на 5 лет.	Закажите мне, пожалуйста, такси	за 45 минут.	Каникулы начнутся
на 6 часов утра.	Моя прабабушка уехала из России в 1919 году,	через неделю.	Наши занятия в университете идут
через 2 года после революции.	От станции до деревни мы шли долго,	с девяти до часа.	Мы приехали на курсы в Россию
целый час.	Это старинное здание построили	на 3 месяца.	Дождь шёл весь день и кончился только

перед самым ужином.	В российских университетах учатся обычно	за 2 года.	Вставай! Будильник прозвенел уже
5 лет.	Мы купили этот дом в 1984 году, ещё	3 минуты назад.	Убийцу поса- дили в тюрьму
до перестройки.	Они ехали на поезде в Сибирь	на 20 лет.	У нас на севере летом светло
несколько дней.	Каждый день я делаю зарядку	от заката до рассвета.	Студенты вернулись с дискотеки
по утрам.	Обычно туристы ездят за границу	под утро.	Этой известной картиной италь- янского мастера можно любо- ваться
на 1–2 недели.	Моя подруга изучает рус- ский язык уже	часами.	Из Лондона до Москвы мы долетели
2 года.	Новый дом построили	за 4 часа.	Ты не дашь мне почитать эту книгу

Одноклассники

Антон

В школе вы считались лучшим математиком, интересовались новой техникой и мечтали стать инженером. Однако сейчас вы являетесь президентом банка и вы не жалеете об этом. Вы женаты. У вас есть сын и дочь.

Вы помните, что Сергей увлекался физикой, а Марина серьёзно занималась музыкой.

Вы слышали, что Илья выиграл где-то большую сумму денег и сейчас даже не работает, а Наташа развелась с мужем.

Максим

В школе вы увлекались литературой, посвящали девушкам стихи, писали статьи в газеты и мечтали стать журналистом. Но жизнь не стоит на одном месте, и вы стали преподавателем русского языка как иностранного. Вам нравится эта специальность. Некоторое время вы работали за границей. Вы не женаты, хотя и не одиноки. Детей нет.

Вы помните, что Юля занималась спортивной гимнастикой, а Илья интересовался биологией и медициной.

Вы слышали, что Марина вышла замуж за американца, а Антон потерял работу.

Илья

В школе вы серьёзно занимались биологией и хотели посвятить себя медицине. Но жизнь – сложная штука. Вы стали бизнесменом и теперь вы владеете несколькими гостиницами и ресторанами. Вы женаты второй раз. У вас один сын и две дочери.

Вы помните, что Ксения мечтала стать учительницей младших классов, а Максим хотел заниматься журналистикой.

Вы слышали, что Сергей защитил докторскую диссертацию, а Юля стала кинозвездой.

Сергей

Это вы и есть тот человек, который стал тем, кем мечтал. Вы были влюблены в физику, и вы стали физиком. Сейчас вы работаете в секретной лаборатории. Возможно, скоро вы получите Нобелевскую премию за своё исследование. Никому не говорите правду о том, кем вы работаете, каждый раз придумывайте любую специальность и место работы. Но если кто-то начнёт сомневаться и прямо спросит вас о физике, скажите правду и попросите его/её никому не говорить об этом. Вы до сих пор не женаты, детей нет. Вы помните, что Антон интересовался математикой, а Наташа серьёзно занималась танцами.

Вы слышали, что Максим эмигрировал, а Ксения работает дрессировщицей в цирке.

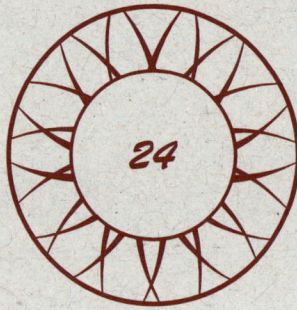

24

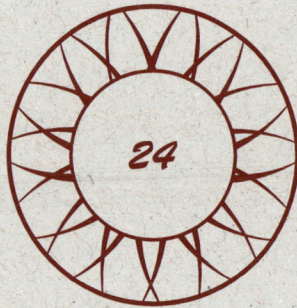

24

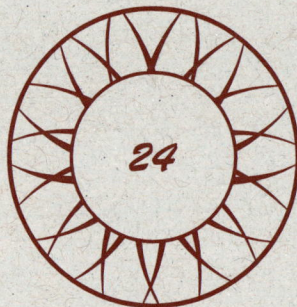

24

24

Одноклассники

Марина

В школьные годы все говорили вам, что вы станете известной скрипачкой, потому что вы серьёзно занимались музыкой. Но время всё изменило и сейчас вы домохозяйка. У вас много свободного времени, и вы, конечно, продолжаете играть на скрипке, но только для себя. Вы замужем. Ваш муж — очень богатый человек. У вас две дочери.

Вы помните, что Сергей был отличником, а Наташа лучше всех танцевала.

Вы слышали, что Антон построил громадный дом под Москвой, а у Юли очень молодой муж.

Ксения

Все были уверены, что вы станете учительницей. Да, вы очень любили детей, да и сейчас их любите. Но жизнь повернулась так, что вы стали директором зоопарка. Животные как дети, и вы их тоже любите. Вы замужем, у вас есть сын и дочь.

Вы помните, что Илья знал наизусть все латинские названия цветов и животных, а Юля, кажется, не очень хорошо училась в школе, но была прекрасной спортсменкой.

Вы слышали, что Максим женился на иностранке и уехал за границу, а Наташа сделала пластическую операцию.

Юля

Вашим любимым предметом в школе была физкультура. В свободное от школы время вы занимались спортивной гимнастикой и мечтали стать тренером. Но однажды вы получили серьёзную травму и о карьере спортсменки пришлось забыть. Вы стали актрисой и работаете в театре. Вы не замужем. Детей нет.

Вы помните, как прекрасно Марина играла на скрипке, а Максим посвящал вам стихи.

Вы слышали, что Ксения воспитывает детей из детского дома, а Сергей сидел в тюрьме.

Наташа

В школе вы увлекались иностранными языками, занимались танцами, но стали писательницей. Вы пишете детективные романы и очень успешно продаёте их.

Сейчас вы не замужем, но у вас есть дочь.

Вы помните, что Ксения очень любила заниматься с детьми, а Антон помогал решать вам математические задачи.

Вы слышали, что у Марины очень много детей, а Илья попал в автокатастрофу.

Анекдоты

Судья спрашивает преступника:
— Почему вы делали фальшивые деньги?
— ...

• • • • • • • • • • • • • • • •

— ...
— Я читаю лекции.

Учительница спрашивает по телефону:
— Ваш сын не может прийти завтра в школу?
— Нет, у него грипп.
— А кто это говорит?
— ...

• • • • • • • • • • • • • • • •

— ...
— Потому что я ещё не умею делать настоящие деньги.

— Как чувствует себя ваш муж?
— Спасибо, очень хорошо.
— Он скоро выйдет из больницы?
— Думаю, что нескоро.
— Это сказал врач?
— ...

• • • • • • • • • • • • • • • •

— ...
— Какую собаку? Я думал, это твоя собака!

— Ты знаешь, что Виктор в больнице?
— Не может быть! Только вчера вечером я видел его с симпатичной блондинкой!
— ...

• • • • • • • • • • • • • • • •

— ...
— Нет, но я видела медсестру, которая там работает.

Молодой человек едет в поезде, читает книгу и каждую минуту говорит:
— Не может быть! Вот это да! Неужели? Никогда бы не подумал!
— Извините, что вы читаете? — спрашивает сосед.
— ...

• • • • • • • • • • • • • • • •

— ...
— Да, мама, – шёпотом отвечает сын.

Доктор спрашивает пациента:
— Вы не разговариваете во сне?
— Нет, доктор, но я часто говорю, когда спят другие.
— Это как же?
— ...

• • • • • • • • • • • • • • • •

— ...
— Орфографический словарь.

Хозяин услышал звонок, открыл дверь и увидел старого друга, а у его ног — огромную собаку. Он пригласил гостя войти, они пили кофе и разговаривали. В это время собака разбила вазу, уронила лампу и легла на диван спать. Когда гость уходил, хозяин с улыбкой спросил:
— Надеюсь, ты не забудешь свою собаку?
— ...

• • • • • • • • • • • • • • • •

— ...
— Его жена тоже видела.

Мальчик не хочет спать. Отец садится у его кровати и начинает рассказывать сказки. Проходит час, два часа. Наконец мама слышит, что в комнате стало тихо. Она открывает дверь и спрашивает:
— Он уснул?
— ...

• • • • • • • • • • • • • • • •

— ...
— Это мой отец.